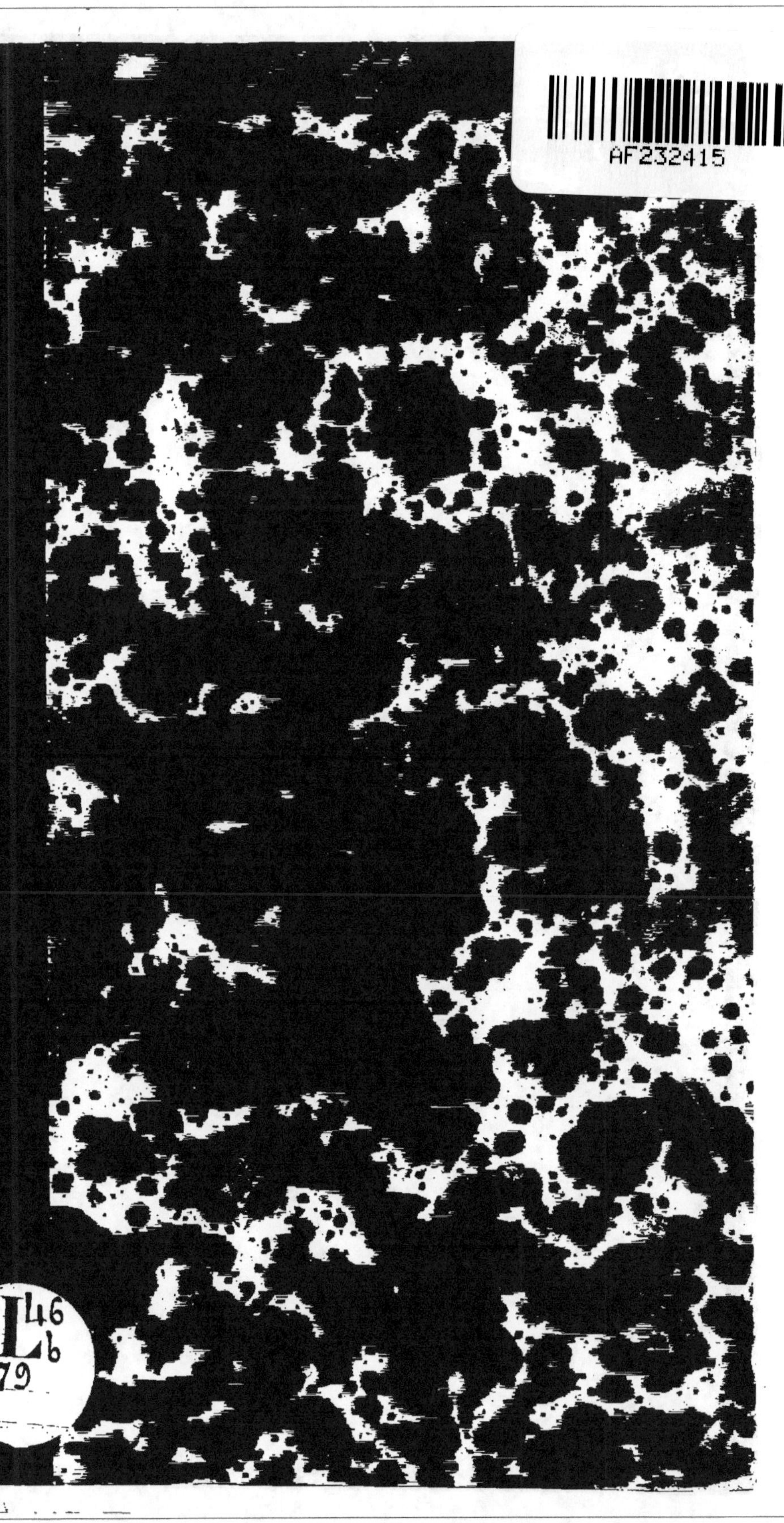

MÉMOIRE

JUSTIFICATIF

DU DUC DE RAGUSE.

PARIS,

CHEZ CHAUMEROT AÎNÉ, LIBRAIRE.

1815.

RÉPONSE

DU DUC DE RAGUSE,

*A la Proclamation datée du Golfe de Juan,
le 1er. Mars 1815.*

———

Une accusation odieuse est portée contre moi à la face de l'Europe entière, et quel que soit le caractère de passion et d'invraisemblance qu'elle porte avec elle, mon honneur me force à y répondre. Ce n'est point une justification que je présente ici ; je n'en ai pas besoin : c'est un exposé fidèle des faits, qui mettra chacun à même de connaître la conduite que j'ai tenue.

Je suis accusé d'avoir livré Paris aux Etrangers, lorsque la défense de cette ville a été l'objet de l'étonnement général. C'est avec des débris misérables que j'avais à combattre contre toutes les forces réunies des armées alliées ; c'est dans des positions prises à la hâte, où aucune défense n'avait été préparée, et avec 8,000 hommes, que j'ai résisté pendant huit heures à 45,000 hommes qui furent successivement engagés contre moi ; et c'est un fait d'armes semblable, si honorable pour ceux qui y ont pris part, que l'on ose traiter de trahison !

Après l'affaire de Reims, l'Empereur Napoléon opérait avec presque toutes ses forces sur la Marne, et s'abandonnait à l'illusion que ses mouvemens menaçant les communications de l'ennemi, celui-ci effectuerait sa retraite ; lorsqu'au contraire l'ennemi avait résolu, après avoir opéré la jonction de l'armée de Silésie avec la grande armée, de marcher sur Paris. Mon faible corps d'armée, composé de 3,500 hommes d'infanterie et de 1,500 chevaux, et celui du duc de Trévise, fort d'environ 6 à 7,000 hommes, furent laissés sur l'Aisne, pour contenir l'armée de Silésie qui n'en était séparée que par cette rivière, et qui, depuis la jonction du corps de Bulow et de divers renforts, était forte de plus de 80,000 hommes.

L'armée ennemie passa l'Aisne, et nous força à nous replier. Mes instructions étant de couvrir Paris, nous nous retirâmes sur Fismes, et nous adoptâmes, le duc de Trévise et moi, un système d'opérations qui, sans nous compromettre, devait retarder la marche de l'ennemi : c'était de prendre successivement de fortes positions que l'ennemi ne pût attaquer sans les avoir reconnues ou sans avoir manœuvré pour les tourner : ce qui nous préparait aussi les moyens de battre quelques-uns des détachemens qu'il aurait faits. Des ordres vinrent de nous diriger à marches forcées sur Châlons. Nous les exécutâmes ; mais arrivés à Vertus, nous fûmes informés que la plus grande partie de l'armée ennemie occupait Châlons, tandis qu'une autre débouchait sur Epernay, et que le corps de Kleist, qui nous avait suivis, passait la

Marne à Château-Thierry ; et apprenant en même temps que Napoléon était encore devant Vitry, et avait une arrière-garde à Sommepuis, nous marchâmes, sans perdre un moment, pour le rejoindre, et le 24 mars je pris position à Sondé. Je croyais encore l'armée française à portée ; car qui eût pu croire, en effet, au passage de la Marne sans avoir un pont, et que l'Empereur Napoléon eût laissé entre Paris et lui des forces huit fois plus considérables que celles qu'il pouvait rassembler ? Le 25 au matin, à peine avais-je acquis la certitude de ce mouvement, que toute l'armée ennemie déboucha sur moi. Je me retirai en canonnant l'ennemi, et toute la retraite se fût faite avec le même ordre, si quelques troupes, malheureusement restées à Bussy-l'Estrée e à Vatry, ne s'étaient trouvées ainsi en arrière de nous. Il fallut les attendre pendant une heure à Sommesous, et nous soutenir contre des forces colossales dont le nombre croissait toujours. Le passage des défilés nous fit éprouver quelques pertes, et nous terminâmes la journée en prenant position sur les hauteurs d'Allement, près de Sézanne. Je ne parle pas de la division du général Pacthod, qui, d'après des ordres directs de l'Empereur, manœuvrait pour son compte, donna dans l'armée ennemie, et fut prise sans que j'eusse connaissance de son existence.

Le lendemain, nous prîmes position de bonne heure au défilé de Tourneloup. L'ennemi arrivant, nous continuâmes notre retraite, et je fis l'arrière-garde. Arrivés le soir devant la Ferté-Gaucher, nous trouvâmes le corps de Kleist occupant cette ville, et à cheval sur la grande

route de Coulommiers , tandis qu'un gros corps de cava-
lerie dépassait la gauche, de l'armée ennemie. Notre position était critique , elle était presque désespérée. Nous
nous en tirâmes par un bonheur inoui. Quelques troupes
du duc de Trévise couvrirent notre mouvement contre le
corps de Kleist ; une défense héroïque de mes troupes
dans le village de Moutis , arrêta l'avant-garde ennemie ;
la nuit arriva , et nous effectuâmes notre mouvement
sans faire aucune perte. Comme nous ne pouvions plus
reprendre la route de Meaux , nous suivîmes celle de
Charenton , et le 29 au soir nous occupâmes Charenton ,
Saint-Mandé et Charonne.

Le duc de Trévise fut chargé de la défense de Paris ,
depuis le canal jusqu'à la Seine ; et moi , depuis le canal
jusqu'à la Marne. Mes troupes étaient réduites à 2,400
hommes d'infanterie et 800 chevaux. C'était le peu
d'hommes qui avaient échappé à une multitude de glorieux
combats. On mit sous mes ordres les troupes que com-
mandait le général Compans : c'étaient des détachemens
de divers dépôts de vétérans et de troupes de toute espèce
qui avaient été réunis plutôt pour faire nombre que pour
combattre ; ainsi toutes mes forces consistaient en 7,400
hommes d'infanterie , de 70 bataillons différens , et environ 1000 chevaux. Je me portai au jour sur les hauteurs
de Belleville ; de là je me hâtai d'arriver à celles de Romain-
ville qui était la clef de la position , et que le général
Compans , en se retirant de Claye , avait omis d'occuper ;
mais l'ennemi y était déjà , et ce fut dans le bois de Ro-
mainville que l'affaire s'engagea. L'ennemi s'étendit par

sa droite et par sa gauche. Il fut partout contenu et repoussé ; mais son nombre allait toujours croissant. Plusieurs mêlées d'infanterie avaient eu lieu, et plusieurs soldats avaient été tués à côté de moi à coups de bayonnettes, à l'entrée du village de Belleville, lorsque Joseph m'envoya par écrit l'autorisation que j'ai entre les mains de capituler. Il était dix heures ; à onze, Joseph était déjà bien loin de Paris, et à trois heures je combattais encore ; mais à cette heure, ayant depuis long-tems la totalité de mon monde engagé, et voyant encore 20,000 hommes qui allaient entrer de nouveau en ligne, j'envoyai divers officiers au prince de Schwartzenberg pour lui faire connaître que j'étais prêt à entrer en arrangement.

Un seul de mes officiers put parvenir, et certes je ne l'avais pas envoyé trop tôt ; car lorsqu'il revint, le général Compans ayant évacué les hauteurs de Pantin, l'ennemi s'était porté dans la rue de Belleville, mon seul point de retraite. Je l'en avais chassé, en chargeant moi-même à la tête de quarante hommes sa tête de colonne, et assurant ainsi le retour de mes troupes ; mais je me trouvais presque acculé aux murs de Paris. Les hostilités furent suspendues, et les troupes rentrèrent dans les barrières. L'arrangement écrit, qui a été publié dans le temps, ne fut signé qu'à minuit.

Le lendemain matin les troupes évacuèrent Paris, et je me portai à Essonne, où je pris position. J'allai voir l'empereur Napoléon à Fontainebleau. Il me parut juger enfin sa position, et disposé à terminer une lutte qu'il ne pouvait plus soutenir. Il s'arrêta au projet de se retrancher, de réunir le peu de forces qui lui restait, de chercher à les augmenter, et de négocier. C'était la seule chose raisonnable qu'il eût à faire, et j'abondai dans son sens. Je repartis aussitôt pour faire commencer les travaux de défense que l'exécution de ce projet rendait nécessaires. Ce même jour, 1er avril, il vint visiter la position, et là il apprit, par le retour des officiers que j'avais laissés pour la remise des barrières, la prodigieuse exaltation de Paris, la déclaration de l'empereur Alexandre, et la révolution qui s'opérait. En ce moment, la résolution de sacrifier à sa vengeance le reste de l'armée, fut prise : il ne connut plus rien qu'une attaque désespérée, quoiqu'il n'y eût plus une seule chance de succès en sa faveur, avec les moyens qui lui restaient : c'étaient seulement de nouvelles victimes offertes à ses passions. Dès lors tous les ordres, toutes les instructions, tous les discours furent d'accord avec ce projet, dont l'exécution était fixée au 5 avril.

Les nouvelles de Paris se succédaient fréquemment : le décret sur la déchéance me parvint. La situation de Paris et celles de la France étaient déplorables ; et l'avenir offrait les résultats les plus tristes, si la chute de l'Empereur ne changeait pas ses destinées, en faisant sa paix morale avec toute l'Europe ; et n'amortissait pas les haines qu'il avait fait naître.

Les Alliés, soutenus par l'insurrection de toutes les grandes villes du royaume, maîtres de la capitale, n'ayant

plus en tête qu'une poignée de braves qui avaient survécu
à tant de désastres, proclamaient par-tout que c'était à
Napoléon seul qu'ils faisaient la guerre. Il fallait les
mettre subitement à l'épreuve, les sommer de leur
parole, et les forcer à renoncer à la vengeance dont ils
voulaient rendre victime la France; il fallait que l'armée
redevînt nationale, en adoptant les intérêts de la presque
totalité des habitans qui se déclaraient contre l'Empereur, et appelaient à grands cris une révolution salutaire
qui occasionnerait leur délivrance. Tout bon Français,
de quelque manière qu'il fût placé, ne devait-il pas con-
courir à un changement qui sauvait la patrie, et la déli-
vrait d'une croisade de l'Europe entière armée contre
elle, de la partie de l'Europe même, possédée par la fa-
mille de Napoléon ? S'il eût été possible de compter sur
l'union de tous les chefs de l'armée; s'il n'eût pas été
probable que les intérêts particuliers de quelques-uns
croiseraient les mesures les plus généreuses et les plus
patriotiques; si le moment n'eût pas été si pressant,
puisque nous étions au 4 avril, et que c'était le 5 que
devait avoir lieu cette action désespérée, dont l'objet était
la destruction du dernier soldat et de la capitale, c'était
au concert des chefs de l'armée qu'il fallait recourir;
mais, dans l'état actuel des choses, il fallait se borner à
assurer la libre sortie de différens corps de l'armée, pour
les détacher de l'Empereur et neutraliser ses projets, et les
réunir aux autres troupes françaises qui étaient éloignées
de lui. Tel fut donc l'objet des pourparlers qui eurent
lieu avec le prince de Schwartzenberg. En même temps
que je me disposais à informer mes camarades de la

situation des choses, et du parti que je croyais devoir
prendre, le duc de Tarente, le prince de la Moskowa, le
duc de Vicence et le duc de Trévise, arrivèrent chez moi
à Essonne. Les trois premiers m'apprirent que l'Empereur venait d'être forcé à signer la promesse de son
abdication, et qu'ils allaient à ce titre négocier la sus-
pension des hostilités. Je leur fis connaitre les arrange-
mens pris avec le prince de Schwartzenberg, mais qui
n'étaient pas complets, puisque je n'avais pas encore
reçu la garantie écrite que j'avais demandée, et je leur
déclarai alors que, puisqu'ils étaient d'accord pour un
changement que le salut de l'Etat demandait, et qui
était le seul objet de mes démarches, je ne me séparerai
jamais d'eux.

Le duc de Vicence exprima le désir de me voir les
accompagner à Paris, pensant que mon union avec eux,
d'après ce qui venait de se passer, serait d'un grand
poids; je me rendis à ses désirs, laissant le commande-
ment de mon corps d'armée au plus ancien général de
division, lui donnant l'ordre de ne faire aucun mouvement; et lui annonçant mon prochain retour. J'expliquai
les motifs de mon changement au prince de Schwartzenberg, qui, plein de loyauté, les trouva légitimes et
sans réplique, et je remplis la promesse que j'avais faite
à mes camarades dans l'entretien que nous eûmes avec
l'empereur Alexandre. A huit heures du matin un de
mes aides-de-camp arriva, et m'annonça que contre mes
ordres formels, et malgré ses plus instantes représen-
tations, les généraux avaient mis les troupes en mouve-

ment pour Versailles à quatre heures du matin, effrayés qu'ils étaient des dangers personnels dont ils croyaient être menacés, et dont ils avaient eu l'idée par l'arrivée et le départ de plusieurs officiers d'état-major venus de Fontainebleau. La démarche était faite, et la chose irréparable.

Tel est le récit fidèle et vrai de cet événement, qui a eu et aura une si grande influence sur toute ma vie.

L'Empereur, en m'accusant, a voulu sauver sa gloire, l'opinion de ses talens et l'honneur des soldats. Pour l'honneur des soldats, il n'en était pas besoin; il n'a jamais paru avec plus d'éclat que dans cette campagne; mais pour ce qui le concerne, il ne trompera aucun homme sans passion, car il serait impossible de justifier cette série d'opérations qui ont marqué les dernières années de son règne.

Il m'accuse de trahison! je demande où en est le prix? j'ai rejetté avec mépris toute espèce d'avantages particuliers qui m'étaient offerts pour me placer volontairement dans la catégorie de toute l'armée. Avais-je des affections particulières pour la Maison de Bourbon? d'où me seraient-elles venues, moi qui ne suis entré dans le monde que peu de temps avant le moment où elle a cessé de gouverner la France? Quelle que fût l'opinion que j'eusse pu me faire de l'esprit supérieur du Roi, de sa bonté et de celle des Princes, elle était bien loin de la réalité; ce charme que l'on trouve près d'eux m'était inconnu et n'avait pas fait naître les engagemens sacrés qui me lient à eux aujourd'hui, et que les malheurs actuels si peu mérités, resserrent davantage encore ; engagemens sacrés, car pour les gens de cœur, les égards et les témoignages d'estime valent mille fois mieux que les bienfaits et les dons.

Où donc est le principe de mes actions ? Dans un ardent amour de la patrie qui a toute la vie maîtrisé mon cœur et absorbé toutes mes idées. J'ai voulu sauver la France de la destruction, j'ai voulu la préserver des combinaisons qui devaient entraîner sa ruine ; de ces combinaisons si funestes, fruit des plus étranges illusions de l'orgueil, et si souvent renouvelées en Espagne, en Russie et en Allemagne, et qui promettaient une épouvantable catastrophe qu'il fallait s'empresser de prévenir.

Une étrange et douloureuse fatalité a empêché de tirer du retour de la Maison de Bourbon tous les avantages qu'il était permis d'en espérer pour la France ; mais cependant on leur a dû la fin prompte d'une guerre funeste, la délivrance de la capitale et du royaume, une administration douce et paternelle, et un calme et une liberté qui nous étaient inconnus. Quelques jours encore, et cette liberté si chère, si nécessaire à tous les Français, était consolidée pour toujours.

Les étrangers étaient perdus sans ressource, dit-on, et c'est moi qu'on accuse de les avoir sauvés. Je suis leur libé-

rateur, moi qui les ai toujours combattus avec autant
d'énergie que de constance, dont le zèle ne s'est jamais ra-
lenti un moment ; moi qui après avoir attaché mon nom aux
succès les plus marquans de la campagne, avais déjà une
fois préservé Paris par les combats de Meaux et de Lisy.
Disons-le : celui qui a si fort aidé les étrangers dans leurs
opérations, et rendu inutile le dévouement de tant de
bons soldats et d'officiers instruits, c'est celui qui, avec
300,000 hommes, a voulu garder et occuper l'Europe depuis
la Vistule jusqu'à Cattaro et à l'Ebre, tandis que la France
avait à peine, pour la défendre, 40,000 soldats réunis à
la hâte ; et les libérateurs de la France, ce sont ceux qui,
comme par enchantement, l'ont délivrée de la croisade
dirigée contre elle, et assuré le retour de 250,000 hommes
éparpillés dans toute l'Europe, et de 150,000 prisonniers
qui font aujourd'hui sa force et sa puissance.

J'ai servi l'Empereur Napoléon avec zèle, constance et
dévoûment pendant toute ma carrière, et je ne me suis
éloigné de lui que pour sauver la France, et lorsqu'un pas
de plus allait la précipiter dans l'abîme qu'il avait ouvert.
Aucun sacrifice ne m'a coûté lorsqu'il a été question de
la gloire ou du salut de mon pays, et cependant que de
circonstances les ont rendus quelquefois pénibles et dou-
loureux ! Qui jamais fit plus que moi abnégation de ses
intérêts personnels, et fut plus maîtrisé par l'intérêt général ? qui jamais paya plus d'exemple dans les souffrances,
dans les dangers, dans les privations ? qui montra dans
toute sa vie plus de désintéressement que moi ? Ma vie est
pure ; elle est celle d'un bon citoyen ; et on voudrait l'ex-

tacher d'infamie! Non, tant de faits honorables dans une si longue suite d'années démentent tellement cette accusation, que ceux dont l'opinion est de quelque prix refuseront toujours d'y croire.

Quelle que soit la destinée qui m'est réservée, que ma vie entière se passe dans la proscription, ou qu'il me soit encore permis de servir la patrie, que j'y sois rappelé ou que je sois repoussé de son sein, mes vœux pour sa gloire et pour son bonheur ne varieront jamais; car l'amour de la patrie a été et sera toujours la passion de mon cœur; et le Roi a bien connu mes sentimens et rendu justice à la droiture de mes intentions, lorsqu'il a daigné ajouter à mes armes la devise *Patriæ totus et ubique*, qui fait en peu de mots l'histoire de toute ma vie.

Gand, le premier avril 1815.

LE MARÉCHAL DUC DE RAGUSE.

Imprimerie de BÉRAUD, rue du faub.-St.-Martin, n°. 70.

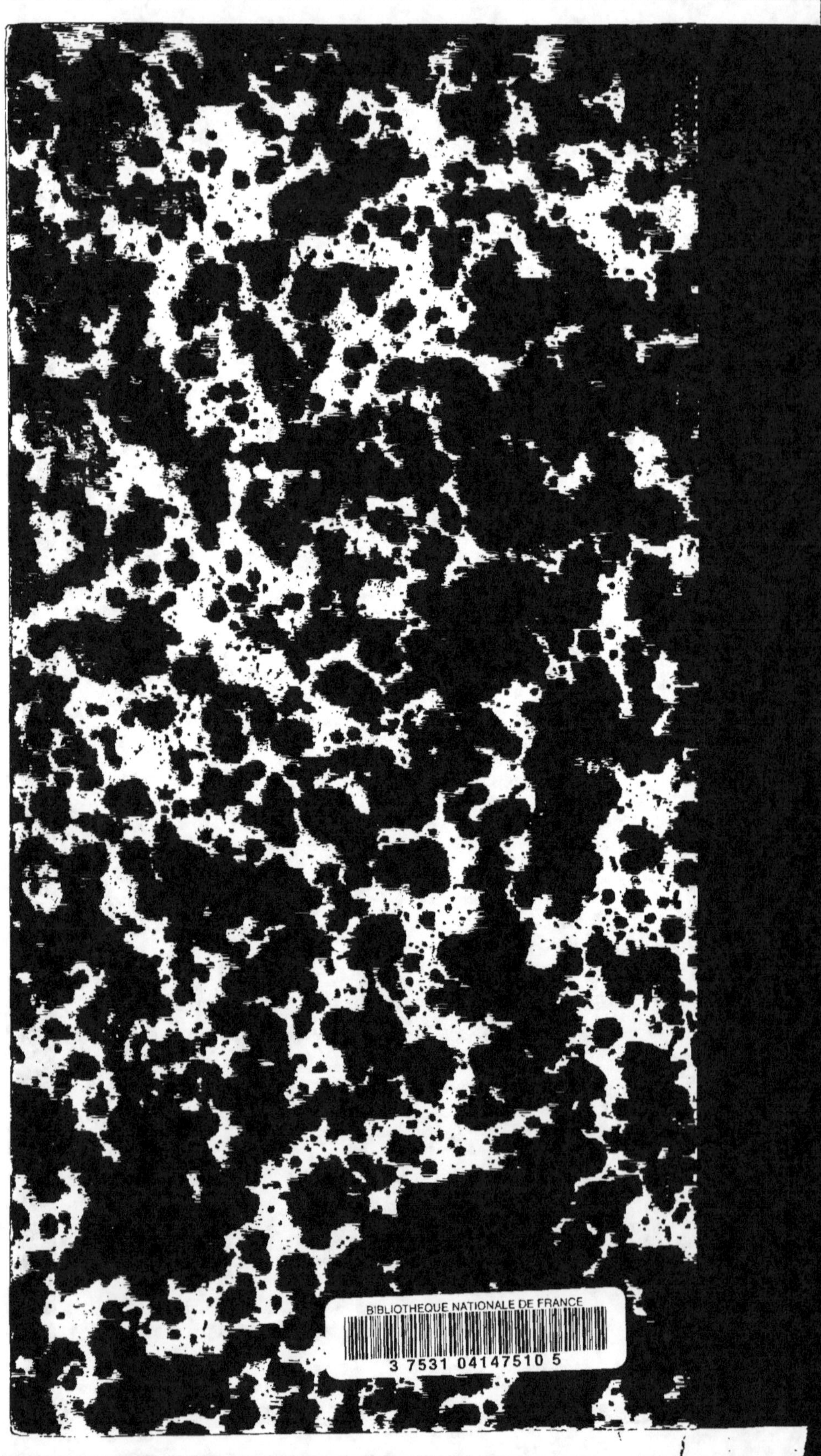
BIBLIOTHEQUE NATIONALE DE FRANCE